JN437706

소망이시라 그분은

소망이시라 그분은

이용자 시집

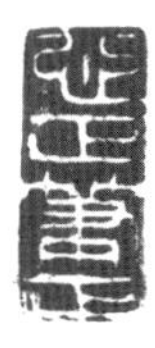

소망이시라

그분은

소망의 나라로 들어가리라

아득한 옛날 거기
접동새 노래하는 마을이 그립 구나
냇물은 햇빛에 반짝이며 졸졸 흐르고
강물은 햇빛에 반짝반짝 속내를 출렁 인다
눈부신 백사장 미풍은 가끔씩
아름드리 느티나무 잎을 흔들며간다

아득한 옛날 거기
종달새 지져 기는 마을이 그립 구나
낮은 산들이 옹기종기 계절의 옷을 가라 입고
인생은 계절을 바꾸면서 광음을 채 운다
곱게 삶의 마을들이 정 스럽다

아득한 옛날 거기
새들이 지져 기는 소리가 그립구나
서로 바라보며 미움과 다툼이 없는 삶으로…
닮아야 하는 마음이 외롭다
닮아야 하는 마음이 고독한 것이다.

아득한 옛날 거기
태초에 하얀 마을이 그립 구나
인생의 탐욕도 시기도 분쟁도 없고
미움도 외로움도 고독함도 없는
태초에 그분이 지으신
소망의 나라로 들이가리라

세상에서 작은 사람이 주님을 찬양 하는 시
제3집 〈소망이시라 그분은〉 시집을 펴낼 수 있도록 길을
열어 주신 하나님께 감사하오며 기도와 정성을 아끼지 않고
응원해 주신 나의 사랑하는 가족과 모든 지인들께 많이 고맙습니다.
건승을 빕니다.

우리가 살아도 주를 위해 살고
죽어도 주를 위해 죽나니
그러므로 사나 죽으나 우리가 주의 것이로다(롬 14:8)

2023 가을 인왕산 바라보이는 뜰에서

지당(智堂) **이용자**(李庸子)

영원을 그리워하는 마음은 아름답다.

연륜은 추억을 새롭게 한다.

추억은 그리움의 씨앗이다. 그리움은 반추의 영양분으로 해바라기 같은 인생 꽃 피워, 가을날 씨앗 빼곡히 차듯이, 마침내 영원한 세계를 향한 소망으로 영근다. 영원을 그리는 마음은 아름답다.

꿈 많던 소녀시절 붓 그리던 아스라이 펼쳐진 추억;

인생이 외로운 시절 품어주시고 구원해 주신 선한 목자님을 사랑하고 섬겨 경배하며, 큰 기쁨의 참 좋은 소식 전하면서, 사랑의 목자님 더불어 거닐며, 푸른 풀밭 잔잔한 물가 은총의 기화요초(琪花瑤草) 만발한 주의 동산에서 분주했던 목양추억;

내 것이 없는 이 풍진 세상 인생 후반전에 풍덩한 마음으로 인생을 관조하고, 고요히 여유 있게 음미하며 아담하게 하나하나 쌓아온 추억들은;

거룩한 영의 바람 불어 그의 영혼이 영원 너머의 세계 소망의 항구에 이를 때까지, 주의보혈에 말갛게 씻긴 청결한 마음바탕에서, 그리움의 싹을 틔우며, 생명수강 흐르는 새 하늘과 새 땅 그리는 노래를, 담담히 부르게 한다.

주안에서 거룩한 추억은 언제나 그에게 영원한 그리움의 씨앗이었다. 그 씨앗은 그의 삶의 자리에서 믿음 소망 사랑의 싹이 트게 해서 시작(詩作)을 하게 했던 것이다.

지당의 시세계는 맑고 밝은 아침햇살 무늬의 그리운 빛이 쏟아지는 초장에서, 함께 거느시는 선한목자님의 속삭이는 약속과 소망, 사랑과 영원의 대화가 배어있다. 그래서 그의 시에는 구도자의 신실함과 담백함이 있으며, 창조주께서 때를 따라 아름답게 하신 사계절의 정서가 아늑히 흐른다.

그의 깊은 신앙심에서 울어나는 음률이 독자의 마음에 닿으면, 잔잔한 호수에 담긴, 이른 봄 제비의 스쳐지나간 물살 같이, 한여름 뭉게구름 같이, 가을날 단풍진 산 그림자 드리워진 풍경 같이, 초겨울 밤 첫눈 내리는 소리 같이, 자연은총의 감동 속으로 젖어들게 한다.

"빛이시라 그분은" "사랑이시라 그분은" 이어 "소망이시라 그분은" 제3시집 출판을 진심으로 축하한다.

지당 시인으로 하여금 소망의 노래를 부르게 하신 하나님을 찬양한다. 그를 극진히 사랑하시는 살아계신 능력의 아버지 하나님께 감사 찬송 영광을 돌린다.

2023. 3. 1.

미국 델라웨어 향촌 유벽한 곳에서, **우초 김만우 목사**

제2부 ● 십자가의 능력 35

제3부 ● 신비의 부활 53

제4부 ● 은혜의 기도와 감사 71

제5부 ● 계절의 향연 89

제6부 • 디아스포라 105

제7부 ● 소망의 나라에 이르리라 123

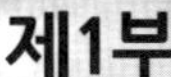

제1부

소망이시라 그분은

소망이시라 그분은

영혼 깊은 곳에 울려 퍼지는 환희
닫혔던 심혼의 소망이
행복의 언어를 수없이 담으며
고요한 마음에 수를 놓습니다

영혼의 깊은 곳에 영원한 사랑
허물어졌던 숭고한 정의의 상아탑이
하나에서 수없이 끝을 모르게
고요히 아름다움으로 쌓여갑니다

영혼의 깊은 곳에 맺어지는 신뢰
어떠한 장애도 끊을 수 없는
초극한 심혼의 굳은 결심
저 천국에 이르기까지…

고요한 평화의 행복이
고요한 신뢰의 사념이
고요한 사랑의 메아리 영원하리라
그분은 소망이시라

광야 같은 세상

광야 같은 세상
우리는 뛴다
낯가림 하면서 달린다
부모 형제 친지 너 나, 서로 저울로 달아 본다
그리고 이해(利害)를 따지며 사는 것이 습관(習慣)이 되어서
인륜(人倫)의 處勢가 極에 達하고 있다
그래서 세상은 시끌거린다

시끌거리는 세상은
人類가 세상에 存在하는한
멎을 줄 모르고 아우성 치고 있는데
인간이 사는 날 동안은
喜. 怒, 愛, 樂 哀, 誤. 慾.인간의 칠정이
비껴 갈 수 없이 거듭거듭 줄지어간다
거듭되는 아우성을 잠재울 위인 아무도 없다

그렇게 삶의 전쟁은
과거와 현재와 미래도 수 세기 동안
흘러갔고. 흘러가며, 흘러갈 것이다
이런 廣野 같은 세상을 정화시켜 주실 이는
세상을 만든 창조자가 책임 져 주실 것이다.

그분의 생명록에 내 이름이

낡은 수첩을 새 수첩으로 바꿔야 하는데
장수를 넘길 때마다 지워지는 이름
소식이 적조해도 지워지지 않는 이름
기억 속에 아스라이 희미한 이름
오랜만에 옮겨 놓은 이름을
물끄러미 바라본다

철새처럼
왔다가 둥지를 떠난 철새는 어디로
마치 인생이도 그러리라
도약하다 지쳐서
비상 할 수 없는 철새처럼, 그러나
저 하늘 높이 비상 해야만 한다.
삶의 목적이 잠간 머무는 여기가 아니고
분명히 오래도록 머무는 거기이기 때문이다.

나는 그 분의 생명록에서 지워지지 않는
영원한 이름으로 남아 있고 싶다
내 이름이 그분의 생명록에
영원히 기록 되고 싶은 것이다.
아니 영원히 기록되어 남을 것이다.

우리는 그분의 생명수첩에 반듯이 지워지지 않는
이름으로 함께 기록 되었으면 좋겠다.

기쁘다 구주 오셨다

기쁘다 구주 오셨다
만 백성 맞으라
산에도 들에도 만물이 춤추며
구주 탄생을 기뻐하는 새날

구주 탄생 했으니 다 찬양 하여라
하늘에 별들이 해와 달이
구주 탄생 찬란한 세상의 빛
주주 탄생 찬양으로 화답하는 날

온 세상 죄를 사하시려 주 예수 오셨네
인생의 일상에 괴롬과 슬픔 몰아내고
영원한 기쁨과 구원을 선물로 주시려고
겸손하게 구유에 오신 날

은혜와 진리 되신 주께서 다 주관하시니
만국 백성 구주 앞에 다 경배하세
다 경배하라 모두 경배하세
구주 탄생 즐거운 영원한 날

내 영혼의 안식

내 영혼의 안식
바람이 가르는 새벽 공기가
계절의 틈새를 지나가는 산뜻 내음
창공에 눈을 드니 빛나는 별
그 빛이 영롱한데 넘 멀어도
내 영혼에 찬란하게 비추고 있네

어둠을 가르는 영롱한 빛이
새벽을 깨우는 고매한 자태
땅만 바라보는 인생들의 열심을
널 바라보는 지극한 날을 기다리며
새벽마다 그 자리에서 인내를 더하는
내 영혼에 안식을 더하는 구나

높은 곳 하늘에

땅 보다 높은 곳 하늘에
사람들은 오랜 적 옛날부터
하늘을 바라보며
마음 구석진 곳에 비밀을
풀기도 하며 담기도 한다.

한 많은 맘을 해 달 별에게 실어본다.
주체 할 수없이 좋은 맘도 하늘에 띄운다.

땅에서 헤매다 다 못 이룬 나머지를
땅보다 위 하늘 위 선반에 올려놓아라
한숨 돌리고 그냥 지평선에 머뭇거린다.

하늘에만 띄우지 말고
차라리 마음 구석진 곳에 비밀을
아예 하늘보다 높은 곳에 띄우라.

민초들의 안식

화려한 궁전은 아니었어도
정적이 숨어있는 고요한 평화
쉴만한 초가라도 도란도란
민초들에게 안식이었음을
아는 이는 어디로 갔을까
긴 여운이 아쉬운 지금

찬란한 저택은 아니었어도
순박한 정이 사무치는
작은 언덕에 새들이 노래하는
작은 쉼터가 있었으면 안식이라

도랑물이 조르륵 조르륵 햇살에 은방울
고요한 그림자 드리우면 아늑했다

심신산골 계곡의 물소리보다
청아한 영원의 문이 열리는 날은
고요한 정적이 노래되어
우주 저편에 참 아름다운 고요
신령한 영원이 나를 부를 것이다.

오월의 노래

산속 깊은 싱그러운 공기
풀 향기 짙은
바람 속에 스치는 아카시아 향기
어미 새 새끼 새 숲에서 노래한다.

산속 깊은 청아한 그 소리
내일을 위해
오늘도 활기차게…

오월의 애티 나는 나무 잎들은
바람에 나부낄 때 햇빛 머금고
유난히도 반짝 인다

오월의 여왕이 되기 위한
찬란한 몸부림의 향연이다
무성한 신록이 하늘을 덮을 것이다

자연스럽게 계절이
제 몫을 감당하는 하는데
만물의 영장인 인생들의 몫은
지으신 그분 앞에 무엇이라고 할까?

인생은 빈 들이다

인생은 빈 들이다
아무것도 가진 것이 없는
세상엔 내 것이 없는
공허한 빈들에서 태어났다

인생은 빈 들이다
키가 자라고 생각이 자라고
내 것이 아닌 본질을 깨닫지 못하고
보이는 것마다 욕심이 넘치도록
내 것으로 움켜쥐기 시작 한다

인생은 빈 들이다
하늘과 땅의 주인이 바라볼 때
세상을 소유하는 욕구 때문에
가끔은 기죽고 기 살고
희 노 애 락이 제멋대로 춤을 춘다

주인은 빈들에서
보리떡 다섯 개와 물고기 두 마리로
축사하시고 오천 명이 먹고
광주리로 열둘이 남았더라

지혜의 문은 열어주소서

사물의 판단이 흐려질 때에
억울해서 잠 못 이루는 밤에
오셔서 지혜의 문을 열어주소서

나는 억울함을 용서 할 힘이 없사오니
잘하는 일이 내 안에서 갇혀 있을 때
사랑으로 인내할 수 있는 힘을 주소서

교만하지 않도록 다듬어 주소서
인생이 저지른 일이 하도 많아서
자랑할게 도대체 없는데

자랑하고 싶은 얼떨떨한 생각을
주님 잠재워 주소서
고마움으로 조용하게 하소서

주님

사물의 판단이 흐려질 때
오셔서 지혜의 문을 열어 주소서

억울해서 잠 못 이루는 밤에
나는 억울함을 용서할 힘이 없아오니
오셔서 용서할 수 있는 힘을 주소서
잘하는 일이 내 안에서 갇혀 있을 때
교만 하지 않도록 다듬어 주시고

인생이 저지르는 일이 하도 많아서
자랑 할게 도대체 없는데
자랑하고 싶은 얼떨떨한 생각을
주님 잠재워 주소서

내가 아무리 선 악간에 몸부림 쳐도
주님이 간섭하지 않으시면
모든 게 허사요 짙은 회색의 그림자뿐이오니
가끔 주님의 길을 빗겨 가는 중에도 모를 때는
긍휼히 여기사 채찍 하여 주소서

주님께 맡긴다고 외치고 있지마는
그것이 참된 길이기를
그것이 진실이기를 원하나이다.

억울해도 빙긋이 웃을 때
주님께서 큰 상으로 채워주심을
저의 우둔 한 것이 일찍 깨달아
주님의 형상 닮게 하소서

질그릇

그리움에 지친 이들
먼 산에 진녹색 그리움에
거기 누가 있는데
아롱아롱 생각에서 멀어 진다
그게 누구 였나

질 그릇 속에 담겨진
진주는 보이는데
금 그릇 속에 담겨진
진주는 왜 안보이지
그게 무엇이 였나

거짓 없는 진실의 모닥불
그 화염 속에 질그릇이 익어간다

찬난한 너의 모습이 익었다
내일의 광영이 빛나는 날
오랜 인내의 극치였다

참을 수 있게 하소서

밖에는 비가 옵니다.
우산 받고 좀 빠른 걸음으로
산 올랐는데

우산 속에 나는
인생의 숙제 많습니다.
말로는 너그럽게 말하는 데
구름처럼 흘러가는 나그네 인생길에서

모든 염려를 주께 맡겨라 하면서
당면한 일에 대해서 너그럽지 못한
나는 졸장부 같이 주저앉으려하네
일각을 미리 몰라서 주님의 놀라우신 계획을

기다리는 인내 견디기에 힘들어서
자꾸만 뒷걸음 치려하는 하는 것을
아시는 주님
기다리는 인내를 주소서

창조자의 권한에 맡기다

행복은 잠간이요
고난은 길고 인생의 삶을 필수처럼
삶의 여울을 건너야한다

다행은 잠간이요
불행은 인생 삶을 필수처럼
앞을 다투며 해를 더 한다

기쁨은 잠간이요
슬픔은 인생의 고비마다
가로 지른다

행복과 다행과 기쁨이 긴 어울림은
고난과 불행과 슬픔의 바탕을 지우는
창조자의 권한에 맡기는 것이다

평화

고요한 아침의 문이 열린다
세상의 요란한 속에서
고운 아침 햇살이
창문을 뚫고 들어와서

우리 집 미니정원 식물에게
골고루 인사를 한다
지난밤에 잘 잤느냐

찬란한 빛이 사랑이 되어
생명으로 속삭인다
햇빛을 먹음은 꽃잎들이
평화로운 자연의 신비가

산하도 들에도
우리 집 미니 정원에도
생명이 평화의 춤을 춘다

제2부

십자가의 능력

이름 없이 빛도 없이
내 사랑하는 너여
내 슬픈 마음
땅위에 사는 날 동안
마음 문 열어라
사랑 할 때는
생의 무게를 싣고
여울 길
세기 속의 여기 오늘을
영혼 깊은 곳에
인생길 잘 가고 계십니까
최선을 다한 지금
화목하게
고요한 높으신 이여
그 나라에 임하게 하소서

이름 없이 빛도 없이

시대의 아픔과 좌절을 치유하고
주님 걸어가신 그 길을
묵묵히 따라가며

말씀은 어두움을 깨고
빛을 밝히며 생명을
영원으로 이끌어 가는 굳센 여운

십자가의 능력을
소리 없는 가운데에서도
진정으로 선포하는

이름 없이 빛도 없이
위대한 새 생명을 탄생하는
광활한 빛의 열매 맺는
그리스도인이 되게 하소서

내 사랑하는 너여

멀리서 환하게 웃으며 가까이
가까이 오는 널 보았노라
내속을 태우며 오긴 하는데
그 가까이가 멀어서 잡을 수 없는 것은…
무슨 까닭인가 상천하지에 이런 일이

가까이서 환하게 웃는 널 보았노라
하얀 옷 입은 널 가까이서 저만치
서서 오는 너는 안개 짙은 곳에
옛날이나 지금 내 앞에선 너는
멋진 것이다 사랑 하는 내 너여…

그리고
너는 가까이서 안개를 헤치며
저만치 가는 것이다
나는 목 놓아 불렀다

여전히 웃으면 안개 속으로
너는 가까운 듯 멀고 있다
상천하지에 이런 일이
내 사랑하는 너여 이건 무엇인가?

내 슬픈 마음

언제나 그리움에 젖어 있다
내 슬픈 마음 이기지 못하여
그 산하를 바라보며

너 손짓하는 너울만 바라보다
세월의 맞은편에서 서성이는 나는
도대체 무엇이냐 길고 긴 세월의
그림자를 안고 흐느낀다

돌아 올수 없는 거기
은하의 블랙홀도 아닌
빙빙 도는 탈출구는 그 안에서 어디…

나는 널 보기위해 긴 날을 헤메인다
문명이 아득한 초극의 날
그렇게 뒤 돌아 서서 한 발자국 두발자국….
멀어지는 너 있는 산하를 돌아보면서…

내 슬픔 이기지 못하여 소리 높여
부른다 그 소리 메아리 쳐 울려 퍼진다
산천초목이 울리도록…

땅위에 사는 날 동안

하나님 아버지
당신 안에서 자유 함이
오묘한 것을 가득히 알고 있는네
그토록 오묘함을 미처 몰랐습니다.

하나님 아버지
내가 사는 날 동안
당신 안에서 자유 함이
신묘막측 함으로 사랑하심을

미흡한 지식으로 수사 할 수 없는
지고하신 그 사랑 앞에
손 높이 들고
감사와 찬송을 드리옵니다.

마음 문을 열어라

마음을 가두지 마라라
혼탁한 세상을
버릇없는 인생의 몸짓을
미련한 생각을
마음에 두지 말라
굳게 닫혀진 마음의 창을 활짝 열어라

네 안에 가두어둔 탁월한 지혜를
너와 네 이웃에게 항거하지 말고
아주 조용히 내 놓아라

거친 세상에서
너로 인하여 다소곳이
인생들의 심혼이 천천히 사랑의 문을 열어
가득채운 선한 이야기를 들려주어라
세상의 평정이 안위하는 자유에서 있으리라.

고요히 마음의 문을 열어라
산새의 아름다운 소리처럼 마음 문을 열어라
조용한 평화가 온 천지에 누리도록
사랑의 마음이 엮어지도록…
마음의 문을 활짝 열어라.

사랑할 때는

멀리서 가까이 오는 것이다
없는데서 솟아나는 샘물이다
알아주지 않아도 좋은 것이다
정직한 인생은 사랑을 아는 것이다

사랑할 때는
가까이 있으면서 모르는 것이다
있는데서 없는 것처럼 메말라 보인다
몰라주는 한탄이 있는 것이다
지혜로운 인생은 사랑을 아는 것이다

사랑할 때는
멀리서 가까이서 공존하는 것이다
유무(有無)를 막론하고 함께 가는 것이다
알아도 몰라도 탄식하면서 기쁜 것이다
정직하고 지혜로 움이 공유 하는 것이다
사랑은 변치 않는 빛이다

생의 무게를 싣고

생의 무게를 싣고 달린다
서러워서 말 못하는 나
광활한 우주에서 이 작은
속삭임을 들어주시는
그렇게 경직된 시간을 아주 고요히
흘러간다 소리 없이 소리 없이 간다

생의 무게가 무거워서
한 발국 옮길 수가 없는데
광활한 우주 자전과 공전 비밀을 안고
속삭임을 안고서
그렇게 흐르는 시간을 아주 고요히
간다 그렇게 소리 없이 우주를 향해서

여울 길

강 깊은 곳에는
죽음의 소용돌이가 있다
빙그르 돌면서 닥치는 대로
휘감고 속 깊은 곳으로 끌고 간다

강은 깊은 곳만 있지 않고
잘 찾으면 낮은 여울 길도 있다
덤비지 말고 여울 길을 찾아 건너라
뱃사공 없이도 여울 길로 강을 건너 간다

인생의 삶 깊은 곳에도
죽음의 소용돌이가 있다
빙글 돌 새도 없이 닥치는 대로
휘감고 죽음의 직통 낭떠러지로 간다

인생길도 우수에만 떨지 말고
코로나 19에만 떨지 말고 오늘의 시대에
누가 누구를 원망하지 말고 서로
바라보는 눈이 곱고 말로 위로가 되는
사랑의 여울 길을 찾아보자

*여울 강건 널 때 배 안타고 강 건너는 낮은 길 여울길이 있다

세기 속에 여기 오늘을

풍전등화와 같은 날들이
지나간 역사 속에서
오늘을 살게 해주신 국난의 세월

너와 내가 긍휼히 여길 때
국세가 온전하련만

왜 왜?
마음을 합하지 못하고
마음의 갈래를 찢기에 바쁜 것이냐
무엇이 남는 게 있다구

가뜩이나 동강난 허리
이념의 다른 현실이 안타깝고 시리다
어쩌다 엉거주춤 하다가

지지리 못나고 아파서
속 못 차리고 살다가 이리 되었나

남에 손으로 분리된 나라의 설음이
이렇게나 오래 가고 있는 것인가
동포여 보편석으로 돌아오라

세기 속에 여기 오늘을 직시하며
철없는 어린이도 아니고
내 사리사욕만 생각 없이 챙기는

이 무슨 희귀한 난리인가
떨리는 마음으로 경외하는 마음으로
역사의 주관자들이 되었으면……

영혼 깊은 곳에

영혼 깊은 곳에 울려 퍼지는 환희
닫혔던 심혼의 문을 열고
행복한 언어를 수없이 담으며
고요한 마음에 사랑을 수놓다

영혼 깊은 곳에 영원한 사랑이
허물어졌던 숭고한 정의 상아탑이
하나에서 수없이 끝을 모르게
고요히 쌓여 가는 것이다

영혼 깊은 곳에 맺어진 신뢰
어떤 장애도 끊을 수 없는
초극한 심혼의 굳은 결심

고요한 행복이 평화 입니다
고요한 사염이 메아리 입니다.
고요한 사랑이 영원하리라.

인생길 잘 가고 계십니까

하루면 수십 번 변하는 인생의 마음
내 마음을 달래어도 듣지 않는
괴이한 길을 가려고 애타는 마음
마음이 지배하는 나는 누구인가

갈래길이 너그럽지 못한 길을 간다
천천히 조금은 빠르게 그렇게 간다
그런데 나는 왜 마음을 따라갈까
열린 길을 멍 하니 바라 보다 놓친다

우리의 인생길을 척박한 곳이 아닌
우리의 가는 길이 돌고 도는 길이 아닌
구리의 길이 굽지 않고 직통 길로 가는
편안하고 곧은길로 가는 길이면 된다

나는 한번뿐인 인생길을 잘 가려고 한다
무상의 조각을 남기지 않고 똑바로
최상의 삶을 동반하며 잘 가려고
숨을 고르고 조용한 곳으로 간다

최선을 다한 지금

막 달려온 길이 숨 가쁘다.
일등은 못했어도 최선을 다한 지금까지
순조롭지 만 못한 것이 너무 많다

지금 생각하니 사람마다 색다른
고비와 골짜기 건널 수 없는 강
늪에서 헤어날 수 없었던 꿈같은 어려운 날들

시린 고독을 수없이
애절한 외로움 창파 속에 몸부림
인생길에 골이 깊어 메울 수 없는 것이다

만일 그분을 만나지 못했다면
오늘 측량 할 수 없는 생의 가치관은 어디로…
찬란하게 빛나는 고귀한 그 분의 창조!

그 창조의 피 조물 영화로운 일부분이 된 것을
깨닫는 순간, 우주의 빛처럼
밝고 맑은 영혼 깊은 곳에 환희의 기쁨이라

화목 하게

한 마디의 말에 천양 빚을 갚는데
그 말들이 왜 그렇게 인색한지
그것을 잘 몰라서 오리무중이나

어쩌면 믿음 있는 사람들이
이 말에 인색한 것은 무슨 까닭일까
극단의 이기에 빠지지 않도록
믿음이 아니라 이론에 불과한 지식인가

진정한 믿음이 아쉬운 이때
화목의 제물로 쓰임 받는
주님의 자녀 되기 원합니다.
신실한 믿음으로 끝까지 견디기 원합니다

오늘의 그리스도인들이
믿음의 전신갑주를 입고 행하게 하소서
사랑의 전신갑주를 입고 살게 하소서
소망의 전신갑주를 입고 저 천국 바라보게 하소서

고요한 높으신 이여

세상은 넘치고 있습니다
선한 것보다는 악이 기승을 부리고
고요함 보다는
나를 알아달라는 몸부림이 기승하고
되지 못한 일 해놓고도
정당화 하는 버릇이 강하고

세상은 너무 시끄럽고
하염없이 잔잔한 마음속에
바위처럼 큰 돌이 굴러오는
사면초과 슬픔이 뭉치 되어
갈 곳 못 찾아 헤매 인다

세상은 일륜이 생긴 그때부터
희 노 애 락이 거듭되는 연륜 따라
질기고 거칠게 오늘을 반추한다
삶이 거칠 어서 슬픈 날이여
지구는 광막한 우주에 매달려 있고

이 어둡고 어두운 여기
날이 갈수록 自我를 알리는 소리
지축이 울리도록 自我를 알리는 소리에
우리는 어쩌란 것이냐…
고요히 높으신 이 어두움을 거두어 주소서

그 나라에 임하게 하소서

굳은 마음을 기경해서
세상의 오염을 걷어 내고

곱게 다듬은
마음의 이랑에
뿌린 씨의 열매가

말씀이 되어
험악한 세상의
뭇 인생들에게 달고 오묘한

생명수 강가에서 영원한
사랑의 노래를 부르며
그 나라에 임하게 하소서

제3부

신비의 부활

죽음에서 부활하심

우주와 삼라만상과 사람을 만드시고
보기에 좋았더라 하셨는데

철없는 인생 아담 하와가
저지른 죄 값으로
인생의 죽고 사는 문제를
전쟁처럼 치러야 하고

자연재앙과 인재는 번갈러 가며
인생의 삶을 토네이도처럼
휩쓸고 지나간다

살면서 지나가는 인고(人苦)를
요람에서 무덤까지 이어지는데
날이 갈수록 죄의 수준은

상상할 수 없는 종속간의 잔해로
삶의 무질서가 토착 하고 있고
코로나 19는 세계를 휩쓰는 전염병으로

오, 때로 심히 괴롭습니다
이런 중에도 절망하기 보다는
이생보다 내세의 영원한 나라를
죽음에서 부활의 역사를 감사 하나이다

그 때 하리라

일몰을 바라보며
내일 아침을 기약 한다 그 때 하리라
몸은 급하게 가려하는데 생각이 멈칫하고
생각은 급하게 달리는데 그 때를 미치지 못한다.

이 무거운 짐을 속히 내려놓아야 한다.
때는 지금인데 나는 가만히 있고
시간은 가고 싶은 대로 헤치며 간다

어이 하라고 급한데
이런 때는 땅 위에서 말고
저 하늘 높이 비상 하고 싶은 것이다

밤이고 낮이고 훨훨 날고 싶어라
날 좀 재촉해 간섭해 주소서
날고 싶은 소원의 나라로

그림자

세월은 그림자를 남기고 간다.
실체는 없는데 남겨진 그림자는
할 말이 많은 것이다.

허리케인 같은 세월의 소용돌이에도
삭풍과 열풍이 엄청나게 불어와도
극렬히 타는 풀부불이 엄습해 와도

없어지지도 쓰러지지도 아니하고
타지도 아니하고,
그냥 버티고 있는 그림자는

무슨 까닭 일까 고통의 멍에다.
인제로는 모르나 만유의
주제이신 그 분만은 아실 것이다.

금빛 날개여 나라라

하얀 노래 위에 마음을 싫고
너 하구 나 하구 함께 나르자
약속한 손가락 걸은 채 나라라

하늘 끝없이 높고 넓은 곳 날다가
은하에 부디 쳐도 건 손가락 노치 마라라
무광의 세월도 없는 곳 멈추지 마라라

찬란한 금빛 날개여
손가락 걸고 함께 나르는
웅장한 파노라마의 세계는 어디인가
블랙 홀 인가, 별들의 마을 인가, 태양 한복판인가…
이상향에 천만년 정지된 운치에 날고 있는 것이다
설음도 괴롬도 고독함도 부질없는 것들이 하나도 없네
고요한 기쁨이 흐르는 이 강가에

찬란한 금빛 날개를 접고
걸고 있는 약속의 손가락은 풀지 않고
고요한 금빛 찬란한 웅장하고 단조로운
하얀 천상의 노래가 화음을 이루네
아 지극한 평화 평화로다.

나그네의 종국은

지구는 자력이 있어서
공전과 자전을 한다
인생은 삶의 애착이라는 자력이 있이서
정 들어서 놓지 못하는 것이 있다

내 것인 양 착각해서 아까운 것이 많다
그래도 놓아야 할 때가온다
일찍 깨닫는 연습도 알아 두어야한다
정도 아낌도 놓아야 할 때가온다

잠간 머무는 나그네 길에서
인생의 도(道)에서 넘치지 않도록
인생의 도에서 타인에게 짐 되지 않도록
우리를 지으신 이의 뜻대로 하면 좋은 것을

육신의 장막을 떠나
영원한 집으로 이거 할 때
전도의 문이 활짝 열리면 좋으련만 !
청아한 나그네의 종국이 되면 싶습니다

내 생의 먼동이

칠흑 같은 골짜기 밤이 깊어
우거진 소나무 숲 바람이
파도치는 굉음의 소리 쏴쏴 휭휭
을씨년스러운 죽음 같은 밤

나는 세상의 마지막을 작별하려한다
한바탕 삭풍에 흔들리는
소나무 파도치는 굉음은 사라지고
죽음의 밤처럼 고요하다

방안의 촛불만이 하늘거린다
산중 밤은 깊고 고요한 지금
무엇과 씨름을 하고 있나
처절한 깊은 밤이 구나

산곡에 밤도 칠흑같이 캄캄하고
내 마음도 칠흑 같이 캄캄하다.
이 한밤이 몇 겁을 흐르는 세월보다
길고 또 길다 끝없이 길다

언제 먼동이 트려나 언제쯤.
바람 부는 소나무 거센 파도소리도
죽음같이 고요하다 하얀 물보라
텅 빈 방 하늘거리는 촛불

난 하얀 공간에 홀로 떠있을까
무아의 속삭임도 아닌 여기는 어디 일까
만세전에 잡으신 내 손을
그 분이 잡고 있는 것을

먼 훗날 깨달은 것이다
내 생의 먼동이 터오는 것을…

돌아오라 하얀 길로

모든 사람은
어두운길로 가려 한다
넘어지고 쓰러지며

혹독한 절망이 보이는 데요
그 길로 한발을 딛기 시작 한다
빠른 걸음을 재촉 하면서 뛰는 것이다

모든 사람을 왜
어두운 길로 가기를 서두르나
현실의 달콤한 어두운 유혹에

빠지고 만다 돈 권력 명예 권모술수…
못된 사람들에게 아주 깊이 빠지게 된다
저 혼자 빠져 나올 수 없는 그 수렁에

모든 사람 대부분은
수렁에 빠진 후에 후회 한다
밑거름이 없는 삶을 추구하는 사람들아
돌아와요 하얀 길로…

들림 받는 영광

가슴이 두근거린다
내일 일을 몰라도 영 모르는 오늘
권세가 무엇이며
갖은 자가 무엇인가

있다가 없어지는 안개 같은 나그네 길
공수래공수거 내 것이 땅위에는
아무것도 없는 것이다.
허무하지 말아야지 다짐해 본다

가슴이 두근거린다.
세상이라는 너울 속에
잠시 머물다 작별의 예식을
온 맘과 힘 다해 영원을 사모하는 마음

후대에게 소망을 심어 놓고
전능자의 환영을 영접 받으며
하얀 세마포 예복을 입고 영원한 나라로
들림 받는 영광을 다짐해 본다

선한 길로 가자

인생의 잡다한 생각을
건제하지 못하면
무슨 쓸데가 있나

인생의 잡다한 생각을
욕심과 부를 쌓으려고
그 생각의 어둠의 그늘에서 탈피하지 못하고
주춤하면 양심의 바른길을 언제 찾겠는가

인행의 잡다한 생각을
권세와 명예를 접지 못하면
양심의 참뜻을 언제 찾아오겠는가
인생의 선한 길을 언제 갈 것인가

인생의 잡다한 생각을
곧은 마음으로 다스려라
과다한 생각을 사생하는
인생의 구체적인 안목이 생성되어야 한다

인생의 잡다한 생각을
우리가 존재하는 날 동안
정도에서 벗어나지 않도록
선한 길을 주관하시는 그 분께 맡기자

세기의 꿈을 펼친

세상에 꿈을 펼친 이들이
세계 속에 숨겨져 있다.
인류에 아로 색인 각기 분야에서

꽃을 피운 삶의 향기로
오래도록 남아서
이름을 후대에게 전해지는데

세기에 영원의 삶을 펼친
세기적인 죽음에서
세기적인 부활하신

우리의 주님 금생과 내세에
인류에게 죽어도 다시 사는
법을 온 세상에 빛을 비추어

창세에
길이 영원을 사모 하는 기쁨과
영생의 삶속에 향기로운
관조의 세계를 창조하는
영원한 비밀을 우리에게 주셨다

자연의 숨소리

신록이 욱어진 산속에 웃음이 있다
능선은 바람이 되어 매달리고
천상의 화음으로 새소리 아름답다

외로운 바닷가에 광명이 있고
세찬 파도소리의 운율도 있다
흔들리는 물속에 길을 만들고

하늘의 구름 속에 나그네 노래가 있고
저 높은 하늘 구름 자연의 숨소리
나그네 기쁨으로 쉬어간다

사랑의 빛 소리 그렇게
자연은 안으로 젖어들고 우주와
자연은 그분께서 지휘자여라

절규하며 엄마를 …

지금도 절규하며 엄마를 부릅니다
그 따뜻한 가슴에 손을 얹고

지금도 흐느끼며 어머니를 부릅니다
그 거친 손 사랑의 손을 잡고

지금 나는 그 사랑의 눈빛을
지금 나는 그 따뜻한 품속에

안겨서 행복하며 슬픕니다
어머니 손잡고 갑니다
영원한 생의 여울 길을…
엄마 어머니 사랑 합니다

죽음을 이기신 다시 사신 주님

칠흑 같은 죽음의 권세를 이기시고
다시 사신 주님의 놀라우신 권세여

원수가 놀래 달아나고
죽음을 이기신 권능의 주님

인간의 비하의 자리에서
가장 찬란한 세기의 영광으로

다시 사신 주님 허다한 증인들 앞에서
부활의 모습 드러내시고

당당하신 위엄과 사랑으로
제자들에게 나타나신 주님

놀라우신 그 사랑 그 은혜
기쁨이라 초극의 환희라

신묘막측 한 무궁한 신비 빛이라
부활의 찬란한 영광이라

참혹한 삶을 은혜로

인생의 죄탓인 참혹한 삶에서
가슴 무겁고 침울한 일들이
때로는
비틀거리며 아첨하며 비굴하게
억울하게 요염하게 도도하게…

천태만상의 형태로
저마다 혼자의 뜻대로 아우성친다
그래서 세상은
친구가 원수로 원수가 친구로 되기도 한다

이러한 고뇌가 다가올 때 우리는
애태우며 불평도 변명도 하지 말자
뼈 쑤시는 아픔을 인내로 바꿀 때
도우 시는 위로와 공평과 평강의 하나님께서

아무도 모르는 작은 정의와 정직의
한 모퉁이를 긍휼과 자비로 바라보시며
참혹한 삶을 은혜로 베 푸시는 하나님
여호와 닛시…

탈출하라 초록의 전원으로

둘러봐야 아무도 보이지 않는
저녁노을 빈 하늘만 눈에 차누나
호젓한 꿈과 안정과 평화가 깃들인 田園
암울한 날들은 가거라

現實의 저항을 느끼며
理想鄕으로 思索적 탈출을 모방하고 싶다

주위가 온통 초록으로 둘러싸인 전원
거기서 내 길은 인생의 사색에 잠겨본다

나의 모든 원수를 사랑하자?
그리고 내 주어진 이 긴급한 날의 길을

개척하는 사명이 있음을 확신 하면서
연약한 몸을 일으켜

초록빛 전원에 마음을 실어본다
아 탈출하리라 초록의 전원으로…

제4부

은혜의 기도와 감사

겨울 거룩한 동산

겨울산은 조용하다
멀리서 들려오는 새소리
앙상한 나무 사이로 들려오는 찬송소리
새의 노래와 함께 화음을 이룬다.
인적이 드문 이 동산에
앙상한 수목 사이로 들려오는 기도 소리
목 놓아 부르는 주님 메아리쳐 울린다.

거룩한 동산
무엇하러 이 동산에 올라왔을까
숨 막히는 삶을 토해 내려구
가족의 인가기도를 애원하려구
이념으로 동강난 나라의 허리를
평화와 민주자유로 치유의 은총을 회복하려구

가만히 들어 온 이단 도둑 같은 자 들에게
하나님 말씀이 왜곡 되지 않기 위해서
자신의 미련한 인생의 나그네 길에서
천태만상 변화무쌍한 미궁에서

곧은 신앙의 절개를 지키려고
목소리 높이 외치며 통곡하는 절규를
역사의 주인 되시는 님이 시여 기억 하옵소서
열리는 하늘 문을 영혼에 체휼 하면서
영육 간에 몸부림치며 생명을 드립니다.

고뇌를 은혜로

인생의 죄 탓인
참혹한 삶에서
가슴 무겁고 침울한 일들이
때로는
천태만상의 형태는
저마다 혼자의 뜻대로 아우성친다
그래서 세상은
애태우며 불평하지 말자
애태우며 변명하지 말자

뼈가 쑤시는 아픔을 인내로 바꿀 때
도우시는 공의의 하나님께서
도우시는 위로의 하나님께서
도우시는 평강의 하나님께서

아무도 모르는
작은 정의와 정직의 한 모퉁이를
긍휼과 자비로 바라보시며
고뇌를 은혜로 베푸시는 주님!

기쁨 있는 곳으로

초점을 잃지 않고 바라보는데
너는 보이다 보이지 않다
감미로운 마음을 가닥가닥 흩으려하느냐
어두움이 오기 전 굳세게 지켜라
너 있는 곳에서 너를…

미로에 앉아서
마음을 잃지 않고 지키고 있는데
가만히 마음을 넘나들고 있느냐
먼동이 밝아온다 찬란한 새 아침이
손 내밀어날 일으켜라

미로를 벗어나기 위해
잡은 손 놓지 말고 날라라
저 창공을 향하여 훨훨 날라라
기쁨이 넘치는 곳으로…

날 숙연하게

숱한 세월의 긴긴 날들이 여기 까지 왔다
속절없는 짧은 세월이 있었는가 하면
부질없는 긴 세월도 있었다
머리로는 멋진 이지적인 이해가 있었지만
가슴으로는 찢어지게 용서되지 않는 부분을
언제고 동반된 오늘과 내일을 늘 일깨워

나의 일상을 도모 히시는 분께서
느긋이 바라보시는 사랑의 무한한 빛이
오늘도 날 숙연하게 하시는
영원하신 님이 시여

나의 부르짖음

세상을 바라보시는 주님
잠잠하지 마옵소서
죄 많은 인생에게
사유에 은총을 주시고 살게 했건만

가진 자의 욕망이 바벨탑이 되어 하늘을 찌르려 하나이다.
태초에 저지른 죄로 인한 아우성이
주님오실 그때까지 진동 할 것인데
도를 넘는 이방의 악행을 처리하시는

주님
당신의 백성이 이곳에 있아 온즉
손바닥만 한 땅덩어리 동강난 허리
동해의 한 모퉁이 이 백성의 땅을
백주에 제 땅이라고 소리 높이는데

선하신 나의님
이곳에 작은 당신의 백성들이
통한에 사무쳐 외치나이다.
당신의 보좌를 움직이게 하소서

선민을 괴롭혔던 에돔 족속을 갈브신 님…
애초에 저 독한족속의 이웃을 갈바 주소서

그 족속이 이 땅위에 잔악한 행위 그 과거를
낱낱이 아시는 님이 시여
일세기도 가기 전에 또 망언을 일삼고 있나 이다
비오니 이 땅을 백성을 긍휼히 여기소서
우주와 천지의 주재이신 나의 님 이시여
손 높이 들고 무릎으로 구하나이다

눈 감고 하늘을 보다

아무생각 없이
눈 감고 하늘을 보다

별 달 해 모두 하얗고 찬란하다
나는 하얀 빛 속에 숨어서
잠 들고 싶다

얼마를 자다가 깨면
하얀 별을 따다가

맘 가난한 이들에게
나눠 주고 싶다

님의 품에 안식 하게 하소서

인간의 죄 탓인 까닭에
세상은 늘 요란하나
님의 깊은 안식에
평화가 있음을 잊지 않게 하소서

인간이 사특한 까닭에
삶의 뒤안길에서
뒷걸음 우수에 오래 잠기지 않도록
님의 손 놓지 마옵소서

이간이 저를 몰라서 주저앉을 때
쓰러지지 않도록 일으켜 주소서
일찍 서둘러 돌아와서
영원하신 님의 품에 안식하게하소서

대자연의 질서

대자연의 숲은 신기하다
많은 사람의 마음을 안아 준다
많은 동식물의 삶의 근원이다
광활한 지구의 안식처 말없는 쉼터다

대자연의 숲은 변함없다
많은 인생의 질고를 치유 한다
많은 생태계의 근원의 집이다
아무 이유 없는 모든 생물들의 삶의 터전이다

대자연의 숲은 대가 없이 정직하게
없는 사람이든 있는 사람이든
피부가 검든지 희든지 차별 없이
환영하며 넉넉한 자비를 베풀어 준다

대자연의 숲은 무언의 사랑으로 서로를 지켜간다
인생은 시기와 질투와 분노와 사악한 분쟁
종속간의 시비와 살인 막무가내의 극단적인 이기
대자연의 숲의 질서가 사람을 부끄럽게 한다

마음을 가두지 말라

마음을 가두지 말라
혼탁한 세상을
버릇없는 인생의 몸짓을
미련한 생각을
마음에 두지 말라
굳게 닫혀진 마음의 창을 활짝 열어라

네 안에 가두어둔 탁월한 지혜를
너와 네 이웃에게 항거하지 말고
아주 조용히 내 놓아라

거친 세상에서
너로 인하여 다소곳이
인생들의 심혼이 천천히 사랑의 문을 열어
가득채운 선한 이야기를 들려주어라
세상의 평정이 안위하는 자유에서 있으리라

고요히 마음의 문을 열어라
산새의 아름다운 소리처럼 마음 문을 열어라
조용한 평화가 온 천지에 누리도록
사랑의 마음이 엮어지도록…
마음의 문을 활짝 열어라.

산곡 깊은 곳에서

산곡 깊은 곳에서 지저기는 새소리
자연의 소리 풀벌레 소리 산곡을 울린다
웅장한 오케스트라 연주 같구나
때로는 클래식 같기도 하고
고요한 성가 같기도 하구나

죄 많은 이 세상은 내 집 아니요
저 천국문 열고 나를 부르네
난 이 세상에 정들 수 없도다
오 주님 같은 친구 없도다

순수한 평화의 소리
고요의 소리에 머물고 싶어라
초야에 묻힌 선비와도 같이
자연의 소리 새소리에 온갖 시름 덜어져 간다
내 영혼에게 들려오는 산뜻한 메신저

수목원 가득한 풀 향기 놀라운 자연이 화음
지으신 이여 위대하신 이여 광대하신 이여
광활한 세계에 나를 서게 하신이여
삼림의 고요 속에 천지 지으신 이여
창조주시여 그 형상 닮기를 원합니다.

사랑하기 위해서

사랑하고 싶은 사람을
사랑하는 것은 쉬운 일이나
사랑하기 싫은 사람을 사랑하는 것은
쉬운 일이 아니다

좋은 마음을 주고 싶은 사람은
주기가 쉬우나
좋은 마음을 주기 싫은 사람은
주기가 쉬운 일이 아니다

쉬운 일이 아닌 이 일은
인간의 마음으로 죽어도
못하는 것도 있다

그러나
참 도가 있다 할 수 있다
그것은 다만 그리스도를 닮은
마음에서 비롯되는 것이다.

새벽 별

창공에 떠있는 별
언제나 거기서
새벽을 밝히고 내 가슴에
또 하나의 별이 떠 있다
홀로가 아닌 별이 속삭인다

그 새벽에 떠있는 별
언제나 거기서
찬란한 빛이 내 마음에
또 하나의 빛이 되어 내 영혼에
홀로가 아닌 빛으로 밝혀준다

여명

어둠이 밝아 오리라
지평선에서
수평선에서
들녘에서
산하에서
원시림에서
다 함께 함성으로 외치고 외친다.

어둠이 밝아 오리라
일그러진 양심들이
惡이 앞을 다투며 善이멀어지는
마음의 이랑을 경작해서
은혜의 마음을 용서로 눈 녹듯이
함께 고요히 낮아지는 겸손이 머리 숙인 채

어둠이여 밝아오라
오늘의 다 다른 측면의 삶을 가다듬으면서
현실을 바로 직시하는 그런 삶으로
마지막 우리 眞實을 선으로 엮어보자
우리는 외면하지 말자 눈물을 머금고
우리는 양보다는 그 너그러운 마음을
늘 우리는 관용이라는 그분의 마음을 닮아 보자

이 백성의 부르짖음

세상을 바라보시는 주님
죄 많은 인생에게
사유에 은총을 주시고 살게 했건만

가진 자의 욕망이 바벨탑이 되어
하늘을 찌르려 하나이다.
태초에 저지른 죄로 인한 아우성이
도를 넘는 이방의 악행을 처리하시는
주님이시여
당신의 백성이 이곳에 있은즉
손바닥만 한 땅덩어리 동강난 허리
동해의 한 모퉁이 이 백성의 땅을
백주에 제 땅이라고 소리 높이는데

선하신 나의 주님
이곳에 작은 당신의 백성들이
통한에 사무쳐 외치나이다.
당신의 보좌를 움직이게 하소서
선민을 괴롭혔던 에돔 족속을 갈브신 주님
애초에 저 독한 족속의 이웃을 갈바 주소서

그 족속이 이 땅 위에 잔악한 행위 그 과거를
낱낱이 아시는 주님이시여
일세기도 가기 전에 또 망언을 일삼고 있으니
이 땅을 이 백성을 긍휼히 여기소서
우주와 천지의 주재이신 나의 주님
손 높이 들고 무릎으로 구하오니
고래스왕의 오른손 잡고
그 길을 평탄케 하신 여호와여
이 땅을 이 백성을 평탄케 하소서

산하의 생명 소리

대지의 침묵이 흐른다
산하의 생명의 소리가
고느적 하게 잠시 쉬어가는
계절의 길목에 멈춘 것인가
나목의 침묵이 흐른다.
뿌리에서 가지 끝에서
잠잠히 나목이 되어 쉬어가는
감추어진 생명을 다듬는 미래가 보인다.
역사의 침묵이 흐른다
소란한 세기의 지나간 자리마다
아우성 친 땅위 상부구조의 외침이
조용히 남겨져가는
흔적의 자리만 지구를 덮는다.
상상할 수 없이 벅찬 사물의 변천과
무수한 침묵의 사연을
우주보다 큰 창조주만이 아시는
엄청난 계획
그분만이 아신다.

제5부

계절의 향연

추수 감사절

가을이 볼을 붉히며 계절에 매달려 있다
살면서 속내를 가끔 들어 내노면 어떠랴
울퉁불퉁한 우리내 마음
어디서 매끈해질 수 있으랴?
열매는 떨고 서러운 시절을 견디며 익었다

가을이면 찾아드는 생명이 기다린다
가을은 열매를 익히고 정열로 나뭇잎들을 태운다
사는 것이 어설픈 일이 많았지만
그것이 충만한 시절!

가을의 풍성을 우리에게 주신
나는 고독한 위안을 마시며
긴 사연을 올릴 수 있는 가을
가을이 짙으면 추수 감사절이 험께 한다

추수감사는 우리의 축복이다
가을은 생명의 성숙을 재촉하며
삶의 길을 성큼성큼 걸어간다
우리 함께 영원한 나라로…

가을의 향연

가을의 창공은 넓고 푸르다.
가을의 창공은 높고 맑다
바람은 가만히 그리움을 실어 준다.
바람은 살짝 솔잎의 향을 물고 스친다.
그리고 밤하늘의 만공은 사늘하듯
그리움의 꿈을 우주에 흩뿌린다
아 너의 얼굴이 거기 희미하게 비친다

가을의 창공은 그리움으로 가득하다
계절의 대지위에 영글고 익어가는
숨소리가 넘치고 크게 들리는 구나
함박웃음이 계절 안에서 희열이 되고
아름다운 결실이 땅위에서 넘치고
높고 푸른 하늘에서 별들이 춤을 춘다

아름다운 우주의 향연이 빙그르
내 마음에서 돌고 돈다.
인간의 언어로 감사와 영광을 주님께 드립니다
나의 영원하신 주님이시여 그 이상의
창조의 언어는 "엘 올람"(El Olam) 이니이다

*엘 올람 ~ 영원하신 하나님

계절의 지나가는 소리

겨울끝자락에서 계절이
생명으로 탈바꿈 한다
산에서 들에서 맑게 지저기는
새소리는 저마다 곱고 청아한 소리를
생명으로 밝히는 몸짓을 응원 한다

봄이 엮어 지는 세미한 소리
우리 가슴에도 벅차게 울린다

지구촌에 난데없는 불청객
코로나 19는 누가 보냈을까
염병의 창궐기(猖獗期)는 오래가는데
코로나 염병의 임자는 속히 찾아 가거라

구름이 흘러가는

흘러가는 구름은 마치
인생의 나그네 길을
소리 없이 흘러가듯

구름은 하늘에서
인생은 땅위에서
천태만상의 삶을 살다가

있다가 없어지는 안개같이
나그네와 행인 같은
구름은 내 친구

나는 널 닮아가고
너는 날 닮고
그래서 나는 널
좋아 하는가보다

널 만드신 그 분께
감사하는 것이다

깊어가는 가을

변화무쌍한 인생의 삶이
평온을 유지하며 계절이 변화 했건만

변화무쌍한 인생의 가는 길이
평온을 잃은 채 마음이 어수선하다

일체의 연락이 올 스톱
그리운 얼굴들을 서로 모른 체
을씨년스러운 가을이 깊어간다
작년 코로나19의 모진 삭풍이
전 세계를 뒤 흔들고 있다
이 무슨 염병의 장난인가

나목

겨울의 상징 나목
나목은 죽은 것이 아니다
내일의 생명을 품고 있는 것이다

우리도 내일의 꿈을 품고 있다
남녀노소를 막론하고
그것이 인생의 여생 속에

촌각을 다투며 달음질 하며
가는 세월 속에 상존하는 것이다
조금은 빠르게 조금은 늦게…

눈을 감고 하늘을 본다

아무 생각 없이
눈 감고 하늘을 본다

별 달 해 모두가
하얗고 찬란하다

나는 하얀 빛 속에 숨어서
잠들고 싶다

얼마를 자다가 깨면
하얀 별을 따다가

맘 가난한 이들에게 나눠 주고 싶다

단풍

가을의 전령사 단풍
미로를 향해 떠날 준비
오색 단장이 무르익어
손잡고 갈 친구 없이
홀로 바람에 나부낀다

정처 없는 긴 여행길
혹은 짧게 혹은 길게
훨훨 날아서 함께 가는 친구
상부상조의 긴 터널을
바람이 동행을 한다

대 평원의 찬가여

하루의 날을 기도로 시작 한다
창을 열면 새들이 노래한다
아침의 남산은 싱그럽다
대 자연과 함께 호흡하며
실개천 물소리 조르륵 생명의 소리

하루의 날을 주님과 함께 동행한다
숲속의 빈터에 앉아서
세월을 안아본다 굉장한 무게다
어떻게 안고 가나 이 세월을

이렇게 무거운 줄을 예전엔 몰랐다
지금 이 세월을 조용히 내려놓고
빈터에서 일어서 본다
어차피 세월 너와 함께 가는
대평원의 찬가여

비를 머금은 낙엽

아직 나무에서
고운 자태를 뽐내며
흠뻑 비를 머금은 낙엽
유난히도 오색이 찬란하구나
내일의 작별 예식위해
비바람에 살랑살랑 춤을 춘다

너무 짧은 그대 생애여
지금 참 아름다운 극치에서
나목의 내일을 기다리는 순수
정직한 너 일생이 곤고하고
처참한 인생이 눈을 뜬다

도랑물

내가 어린 시절에는
도시에도 농촌에도
곳곳에 도랑물이 흘렀다
그때만 해도 지구촌이 오염되지 않고

천지가 깨끗하고 맑은 공기
도랑물을 목마를 때는 마시기도 했다
온갖 물고기가 살아 숨쉬고
도랑물은 어린아이들의 쉼터였다

학교가 일찍 파한 날에는
길가의 도랑물에 발 담그고
대각선으로 맨 책보 벗어놓고
검정 고무신 벗어놓고
여럿이 물장구치는 재미는
천지를 흔드는 것이다

해지는 줄을 모르고
법석을 떨고 있는데
아무것이야 하고 부르는 소리가

듣던 소리인데 엄마네

깜짝 놀래고 보니
해가 뉘엿뉘엿 넘어가고 있다
집에 가서 혼날 생각에 아찔했다

진달래가 피어난다

진달래가 피어난다 봉울진 입술
봉울진 입술은 기쁨의 내일
달빛에 아름다운 천녀의 미소

진달래 분홍 볼에
피어나는 오늘은
아침 햇살에 환한 웃음

진달래 흐드러진 아름다운 자태
만개의 입술과 볼에 활짝 활짝
바람에 나부끼네 꿈의 오케스트라

화창한 봄날이 짙어지는
찬란한 아름다움, 널 조성하신
님의 축복이 온 누리에 가득하도다.

이른 아침 남산은

이른 아침 남산은 싱그럽다
이름 모를 새소리들이 지져 기고
다람쥐는 호들갑스럽게
이 나무 서 나무 위로 달리고

외솔바람에 나뭇잎들은 춤을 추며
짙푸른 여름을 재촉 한다

저 동편에 뜨는 해가
고요한 아침을 열고
이 평화의 대자연 속에 안겨
이 고요한 평화를 누리자

일상에 돌아가서도 아늑한 평화가
우리 곁에 오래 있도록
주님 약속하여 주소서

자스민 향기

자스민 꿈이
활짝 열리면

해마다 찾아 와서
내 가슴 떨리게 한다

자스민 너의
그윽한 향기로

너의 자태는
숭고하고 아름답다

제6부

디아스포라

광야 같은 세상

광야 같은 세상
우리는 뛴다
낯가림 하면서 달린다
부모 형제 친지 너 나, 서로 저울로 달아 본다
그리고 利害를 따지며 사는 것이 習慣이 되어서
人倫의 處勢가 極에 達하고 있다
그래서 세상은 시끌거린다

시끌거리는 세상은
人類가 세상에 存在하는 한
멎을 줄 모르고 날 동안은
喜, 怒, 愛, 樂, 哀, 誤, 慾, 인간의 칠정이
비껴 갈 수없이 거듭거듭 줄지어간다
거듭되는 아우성을 잠재울 위인 아무도 없다

그렇게 삶의 전쟁은
과거와 현재와 미래도 수 세기 동안
흘러갔고 흘러가며, 흘러갈 것이다
이런 廣野 같은 세상을 淨化시켜 주실 이는
세상을 만든 창조자가 책임 져 주실 것이다

78주년 해방 기념일

우리의 역사는 빛나고
조용한 아침의 미소가 열리고 있다
그때도 해는 동녘에서 뜨고
오늘 아침에도 태양은
찬란하게 비추고 있다

싱그러운 아침 산제사를 드린다
성숙한 열매 향기의 정서가
해방 그날의 아침이 오늘을 이어 오는
우리의 歷史는 빛나고 있다

일어나라 이 나라의 청년들이여
8.15의 기쁜 해방 옛 꿈이 되고
지금은 세계 속의 대한민국으로
우뚝 섰다 대한민국 만만세

해방의 기쁨에 소리친
나의 조국 대한민국
세계 속의 대한민국으로 우뚝 섰다
우리의 역사는 찬란하게 빛나고 있다

국난의 세월

풍전등화와 같은 날들이
지나간 역사 속에서
오늘을 살게 해주신 국난의 세월

너와 내가 긍휼히 여길 때
국세가 온전하련만

왜 왜?
마음을 합하지 못하고
마음의 갈래를 찢기에 바쁜 것이냐
무엇이 남는 게 있다구

가뜩이나 동강난 허리
이념의 다른 현실이 안타깝고 시리다
어쩌다 엉어주춤 하다가

지지리 못나고 아파서
속 못 차리고 살다가 이리 되었나

남에 손으로 분리된 나라의 설음이
이렇게나 오래 가고 있는 것인가
동포여 보편적으로 돌아오리

세기 속에 여기 오늘을 직시하며
철없는 어린이도 아니고
내 사리사욕만 생각 없이 챙기는

이 무슨 희귀한 난리인가
떨리는 마음으로 경외하는 마음으로
역사의 주관자들이 되었으면…

무제

말하기는 쉬우나
어려워서 실행이 어려운 것이다

생각하기는 쉬우나
주춤 거리다 생각을 놓치는 것이다

짧은 시간은 길게 간다
어쩌다 창자가 끊어지는 듯 아픈 세월만큼
캄캄한 슬픔과 고통에서

실행이 어려워서 말을 되씹어 삼킨다
놓친 생각들을 주어모아서

서로 사랑하는 인생의 과정으로
서로 사랑하는 인생의 종국으로
매듭지면 좋을 것을

사랑하는 내 친구

사랑하는 내 친구
온갖 꽃망울이 피어날 때에
내 가슴 속에도
사랑이 피었다 친구야

네가 피어서 사랑으로 찾아와
내 마음속에 사랑의 망울이
피어서 그리울 때
불타는 사랑을 고백하려고…

아름다운 사랑의 저편
그림자로 찾아오는
아 그대여 내 친구
그대 오는 소리를
그리움으로 드리운다

가진 것 없어도
밝아오는 새벽길
소망 중에 내일의 빛이 비추는
조용히 날 부르는 영원한 나라로
함께 비상 할 것이다

삼일절 22

빼앗긴 나라
원통해서
가슴 찢고 통곡하다
속으로 울부짖다

너와 내가 모두 함께
함성이 되어
총칼 앞에서 목숨 내놓고
대한 독립 만세

대한 독립 만세
산천초목이 울리도록
하늘과 땅이 진동 하도록
우리의 선조들은

오늘 우리에게
나의 조국 대한민국을
찾아 주었다
우리 정신을 차리고

우리 후손에게
좋은 나라 남겨주자

성탄절

하얀 꿈을
대지에 뿌린다

하얀 소망을
하늘에 뿌린다

펑펑 쏟아지는 눈 거기
하얀 소식이 함께 오신다

흰 눈보다 더 눈부신
베들레헴 구유에 오신 주님

기쁘다 구주 오셨네
기쁘다 뜻 다해 하나님께 영광을…

세월의 길동무가

세월의 길동무가
연약해서 가는 세월이 앞당겨 지면
무인도 같은 이 세상에서 지기를
어디서 찾을까 재촉 하는 시각은 빠르고
참 애써도 미지의 여한이 남는 구나

세월의 길동무가
부지런히 가려고 앞날을 재촉 하네
활화산 같은 세상에서 널 잃으면
난 어떻게 하나 아직 먼것처럼
사염에 문턱을 넘지 못한 체 주저앉는다

세월의 길동무가
낮으막히 이야기 하는데 꼭 그날처럼
산속에 흐르는 계곡의 물소리 같아라

속절없는 세상에서 구름 흘러가듯이
헝클어진 마음 외롭게 애쓰지 말고
상천하지 세월의 주인에게 간청하란다

이 세상은

이 세상은
무인도에서 사는 것 같은 침묵
대 낮인데
밤 어둔날 처럼 공허한 대지

일그러진 갈등은 도전해 온다.
악으로 대하니 선이 울고
선으로 대하니 악이 기승을 부린다.
엄청난 무게를 싣고 덤빕니다

모순이 엉키어서 멈춘다.
부조리가 하늘 높은 줄 모르고
마구 오르다가 산산이 부서진다

악에 축 보다는
선을 행하다가 낙망하지 말아라
세상에 살면서 빛이 머무는 날 있으리라

우리나라 좋은 나라

우리나라 좋은 나라
대한민국은 아름다운 나라
선조들께서 목숨을 걸고 지켜온
겨레가 아픔을 딛고 일어선
나라 대한민국

우리나라 좋은 나라
대한민국 소중한 나라
삭풍과 열풍 비바람 몰아쳐도
겨레의 마음 합하여 지켜온
나라 대한민국

우리나라 좋은 나라
대한민국은 한얼의 나라
개인의 유익을 자랑치 아니하고
겨래 사랑 이웃사랑을 도모한
나라 굳건한 애국의 대한민국

우리나라 좋은 나라
대한민국 앞날의 번영을 위해

자유 하는 대한민국을 위해
우리의 오고 오는 후손을 위해
나라의 미래를 위해 이기심 버리고
함께 일어서자 대한의 동포여

세월의 흔적

언제부터 인가
인간의 구별이 생겼을까
높고 낮음이 나누어 졌을까
貧富의 차이가 되었을까
貴族과 奴隸 제도가 있었을까

민초와 같은 유랑민이 만들어 졌을까
안하무인 인간이 생성 되었을까
참혹한 일륜의 비리들이
기절하게 많고 많다
셀 수 있는 善도 많다

죄 많은 인생의 유구한
세월의 흔적인가보다
善을 향해서 몸부림치다
지치지 말아라
義를 향해서 달리다가
멈추지 마라라
영생을 위해서 경주하다
넘어지지 마라라

일어서라 동포여

일어서라 동포여
한 마음으로

찢겨진 조국이 서럽거늘
죽으면 이념의 돌린 등 안고 가나
천지의 순례를 거부하지 마라라

형제의 이념 속에 병든 마음 치유가 깊은데
형제의 갈등 속에 치고 들어오는

이웃이 우리 땅을 산채로 먹으려한다.
약해진 틈새를 저들이 교묘히 찾아서 덤빈다
정녕 이것이 아니다

동포여 일어서라
본래의 한 마음으로

뒤집어지는 세상에서 이 조국에게
질서를 찾아 주소서 높으신 님
우주와 천지를 주관 하시는 높으신 이여
우리의 조국을 긍휼히 여겨 주소서

제77주년 해방 기념일

억압에서 풀린 날
소리 높여 대한민국 만세
목 놓아 부른 날 대한민국 만만세
우리는 찾았다 대한민국을
기쁘고 또 기쁜 날

고통에서 풀린 날
우리의 선조들께서
피 흘리며 싸운 날
목숨 잃고 찾은 나라
우짜다 잃고서 다시 찾은 내 나라

큰 기쁨 속에 한 마음으로
살기 좋은 나라로 함께 서야 하는데
왜 이렇게 되었을까
부모 형제를 지척에 놓고도 못 보는
남북으로 갈라진 서러움 기막히구나

해방의 역마차가
하늘과 땅을 울리며

기쁘고 기쁜 그날이
이념의 고난 속에 남과 북으로
갈라진 불행은 언제 끝날까

이러나자 우리의 조국 대한민국
오고 오는 후손에게 부끄럼 없도록
세계로 뻗어가는 나라로…

화려한 궁전은 아니었어도

정적이 숨어있는 고요한 평화
쉴만한 초가라도 도란도란 이야기하는
민초들에게 안식이었음을
아는 이는 어디로 갔을까
긴 여운이 아쉬운 지금

찬란한 저택은 아니었어도
순박한 정이 사무치는
작은 언덕에 새들이 노래하는
작은 쉼터가 있었으면 안식이라
도랑물이 조륵조륵 햇살에 은방울
고요한 그림자 드리운 면 아늑했다

심신산골 계곡의 물소리보다
청아한 영원의 문이 열리는 날은
고요한 정적이 노래되어
우주 저편에 참 아름다운 고요
신령한 영원이 나를 부를 것이다.

제7부

소망의 나라에 이르리라

소망의 나라로

먼 곳에 마음의 닻을 내리면
가까운 곳에 마음이 복잡 하구나
가까운 곳에 마음의 닻을 내리면
먼 곳에 마음의 향연이 멈추는 구나

땅에서 살고 있는 나는
가까운 곳에서 일어나는 관계를
삶의 일상에서 붙어 함께 가자는 것이다
숨 막히는 현실을 내 힘으로 쫓기가 어렵다

나는 먼 곳의 향연에 나래 활짝 펼 때
비상의 쾌감이 싱싱하게 살아서
우주를 덮음 같이 광활 하구나
눈을 감아도 보이는 세계가 열리는 것이다

그 놀라운 세계를 체휼한 다음
가까운 곳에서 늑장 부리지 말라고
호된 채찍이 너무 아프다
결단코 난 여기에서 멈추지 않고
또 다시 힘찬 비상을 해야 한다

나의 나그네 세월에서
온통 찬란한 향연이
눈을 감아도 보이는 세계가 열린 곳으로
다시 비상의 나래를 힘껏 펼쳐보자
우주 덮음 같이 광활한 소망의 나라로…

구름아 너 흘러가는 곳에

구름아
서러운 마음이 밀려와서 고이는 구나
아프고 씨린 것이 몰려와서 마음을 찢는 구나
삭풍이 불어대는 광야에서 작은 몸을
지탱하기 어려워서 쓰러지려 하는 구나
때로는 세월의 열풍이 마음을 쓸어 가는 구나
구름아 너 흘러가는 곳에
내 아린 마음을 싣고 떠나거라

구름아
크고 작은 삶의 현실을 직시 한다
내일의 큰 뭉치도 가까이 닥아 오는 것이다
얼마 후엔 물리적인 오늘로 변신 하는 것이다
그리고 깜빡하는 찰나에 과거의 옷을 입고
훌훌 제 멋대로 좋은 것 이든 나쁜 것 이든
기고만장 하는 것 이든…….
역사 속으로 역사를 만들어 가는 것이다

구름아
크고 작은 사건 속에 유한한 인간이

결국이 되지 못 하는 한계를 절감하면서
사물에 대한 어이없는 인간의 몸짓은 계속 된다
그리고 줄기차게 한 치의 양보도 없이
시각은 시간은 세월은 아랑곳없이 가는 것이다.
어느 피조의 세계가 이것을 감당 할 것인가

구름아
셀 수 없는 크고 작은 역사의 통치를
이 엄청난 삶의 生 死 禍 福을
구름이 흘러가듯 흘러가게 하는 이는 오직
세상의 조성자인 역사의 주인인 것이다

그 분의 생명록에 내 이름이

철새처럼 왔다가
둥지를 떠나는 철새는 어디로 가나
마치 인생도 그러하리라
도약하다 지쳐서
비상할 수 없는 철새처럼 그러나
저 하늘 높이 비상 해야만 한다

삶의 목적이 잠깐 머무는 여기가 아니고
분명히 오래도록 머무는 거기이기 때문이다.
나는 그분의 생명록에서 지워지지 않는
영원한 이름으로 남을 것이다

아니 영원히 기록되어 남을 것이다
우리는 그분의 생명수첩에
반듯이 지워지지 않는 이름으로
기록 될 것이다
우리 다함께 이름이 남을 것이다

날아라 하얀 노래 부르며

하얀 노래 위에 내 마음을 싣고
너 하구나 하구 함께 나르자
약속한 손가락 걸은 채 날라라

하늘 끝없이 높고 넓은 곳 날다가
은하에 부디 쳐도 건 손가락 놓지 말아라
무광의 세월도 없는 곳 멈추지 말아라

찬란한 금빛 날개여
손가락 걸고 함께 나르는
웅장한 파노라마의 세계는 어디인가

블랙홀인가 별들의 마을인가태양 한복판인가…
천만년 정지된 운치에 날고 있는 것이다
서러움도 외롬도 부질없는 것들이 하나도 없네
고요한 기쁨이 흐르는 이 강가에

찬란한 금빛 날개를 접고
걸고 있는 약속의 손가락은 풀지 말고
고요로운 금빛 찬란한 웅장하고 단조로운
하얀 천상의 노래가 평화 평화로다

급변하는 세대

급변하는 세대의 갈등은 고대나 현대나
양상이 각기 다른 형태로 시대마다 나라마다
엉키고 죽고 사는 일들이 격동하는

성난 파도같이 계속 일어나는 데
왜 인생의 성난 파도가 계속 되는가
이유 없는 이유를 만들며 노도 대작하는데

이스라엘의 죄과로 앗수르에게 붙였을 때
택도 없이 고약하게 이스라엘을 밟을 때
그때 여호와께서 앗수르를
초토화 하신 여호와여!

오늘 그리스도인들이 교만했든지
저질은 죄가 크든지 회개케 하시는 여호와여
지나친 이방인의 큰소리를 들으시고
일제강점기와 육이오 때 또 그 이전부터
꺼져가는 등불을 끄지 아니하시고 지켜주신

여호와여 지금은
주님을 부인하는 세력이 편만 하오니
고래스왕의 오른손을 잡어 앞서 가서
험한 길을 평탄케 하시든 주 여호와여
여기 작은 땅위에 평탄한 평화를 허락하소서

봄이 오는데

봄이 꽃의 미소를 안고 오는데
계속 코로나19 팬데믹 상황에서
얼었던 마음 우울했던 마음
얼룩진 사연들을 봄물에 띄우고
지구촌의 사람들 삶의 방법이
새로운 나드리로 시작되면 좋겠다

봄이 잎의 활기를 채우는데
겨울잠을 자고 깬 얼굴이 눈부시다
생동력 있어서 환희의 내일이 있길래
거침없이 제 자리에서 나부낀다
얼룩진 사연도 그냥 평화로운 것이다

계절은 여전히 묵묵히 제길 에서
조성자의 법칙에 따라서 순리 대로인데
지구촌 인생들만 떠들썩할까
애시당초 지은 죄가 하도 커서
감당을 못하는 것일까
좌충우돌 하면서 무질서의 횡포
처처에 기막히구나

그 참혹한 형틀에서 고초당하시고
인고의 대신 죽으신 님이 시여
죽으신지 사흘 반에 부활하신 주님
삶의 질서의 회복이 주께 있사오니
지구촌 사람들을 긍휼히 여기소서

비상

나는
저만치 시간 속으로 가는데

세월은 새것이 되어
나의 앞길을 재촉 한다

후일
잿빛 하늘이 거치고
하얀 나라로

영원한 긴 날 속으로
비상 할 것이다

시시하게 살기에는

인생은 공정하지 못하다
흔들림 없는 지조는
정의로 내가 감당하기는
쉬운 일이 결코 아니다

인생이 시시하게 살기에는
세상이 많이 격조 되어있기에
짧고도 긴 세월이 지나간
날이 앞을 막는 것이다

시시하게 살기에는
주어진 시간이 짧은 것이다
훈련된 수행이 흔들림 없게
선한 목표에 소망을 열어간다

아침 햇살

간밤에 숨 막히게 빚은
인생 여정은 꿈이였나
세월이 주름을 잡으며

한 많은 세월은 담장 너머로
아침 햇살이
잠든 도시를 깨운다

그렇게 오늘의 빈터에
내일의 우수를 채우지 말고
광음의 여울 징검다리 건너

문득 하늘로 가는 길도 보이는
아침 햇살이
잠든 영혼을 깨운다

오로라

하늘 아래 끝없이 펼쳐지는 녹색의 대평원
하늘 아래 끝없이 출렁이는 녹색의 오로라

우주는 하늘을 안고
녹색의 끝없는 향연의 무도회를 일관 한다

대 자연 침묵은 소리 없는 소리가 되어
사람이 넘을 수 없는 극치의 예술을 창조하시고

인간의 작은 모습을 너그럽게 다듬어 주시고
영원 전 부터 계신 신묘막측 하신 분이시여
그 분의 품에 안김은 영원한 꿈이리라

좋은 내 친구

사랑하는 내 친구
온갖 꽃망울들이 피어날 때에
내 가슴 속에도
사랑이 피었다 친구야

네가 피어서 사랑으로 찾아와
내 마음속에 사랑의 망울이
피어서 그리울 때
불타는 사랑을 고백하려고…

아름다운 사랑의 저편
그림자로 찾아오는
아 그대여 내 친구
그대 오는 소리를
그리움으로 드리운다

아무데나 어디든지
밤길처럼 가는 건
사양 할래요

가진 것 없어도
밝아오는 새벽길
소망 중에 내일의 빛이 비추는
조용히 날 부르는 영원한 나라로
함께 비상 할 것입니다

태고의 본향

태고의 본향
인생을 철들게 하는
고향의 흙 내음 속에

갖가지 생명이 씨앗을 벗고
딱딱한 땅을 뚫고 제 모습대로
고개를 들고 생명으로 나온다

인생이 본향을 바라보는
하나님 형상대로 지음 받아서
험악한 세상의 모습 속에서

얼룩진 인고를 벗어버리고
영육이 영원한 생명 길
하나님 나라 본향으로 가는 것이다.

하늘로 올라간 호수에게

너무 마음 아파서 견딜 수 없는
나 홀로 설움 안고 흐느껴지는
내 사랑 그대 였다오
잔잔한 호수처럼 가냘픈 듯 강한 여인
아이들에게 현숙한 엄마
만인에게 사랑으로 다가오는 기쁨 이었다오

만인의 가슴에 아픔을 남겨 놓고
홀홀히 가신님아
만인이 사랑하는 그대가
힘들고 어려운 이들에게
오뚝이 인생을 깨우쳐주던 현란한 사랑을
고스란히 남긴 채 여운이 아까 워라

아직은 가슴마다에 따뜻한 온기를 느끼며
멍한 채 그대 그리움에 사무쳐 있는 것을
떨어지는 갈잎에 그리움을 담으며
조금만 참았으면 좋았을 것을…
하늘로 간 호수에 마음을 띄워본다

후손에게 나라의 평화를

작은 땅 덩이가 동강난
허리로 휘청거리며
수년을 신이 없다고 부인하는
우상인 한 토막이
격동하고 있나 이다

또 한 토막에서,
여호와를 향하여 외치는
소리에 귀 기울이시고
잡아맨 땅의 허리를 풀어주소서

이념의 사상이 어린 세대들에게
물들지 않도록 여호수아와 갈렙 같은
마음으로 바꿔 주소서
합당한 은혜로 채워주소서

우주와 천지의 주재이신 주 여호와여
모든 것이 당신 것이오니
여기 크고 작은 외침을
후손에게 나라의 평화를 허락 하소서

지당 시인의 시평

한맥문학 2023년 2월호에 실린 지당 시인의 시 3편이 서로 개연성(蓋然性)이 있어 재미있게 읽고 간단한 감상을 적어본다.

"이 세상에 내 것은 없다"

이 세상에는
내 것이 하나도 없다
그런데
내 것처럼 움켜쥐고
마음도 물질도 사랑도 베풀지 못하고 인색하다가
죽으면
너무
비참한 것이다

이 세상에는
내 것이 하나도 없다
무엇이나
임시로 주어진 것이
생명까지도 임시로 주어진 것이다

사는 날 동안
크고 작게
조건 없이 주어진 것이다

우주와 세상과 나와 날 조성하신 분
그 분의 것 가지고 베풀며 살기만 해도 그 분은 기뻐하시는데
왜
한이 없이 움켜쥐려 하는가
욕심은 사망을 잉태하는 것이다

이 시에는 창조주하나님의 피조세계는 다 하나님의 소유이고, 하나님 형상대로 모양대로 지음 받은 인생은, 이 세상에서 일반 은총으로 받은 물질을 잘 관리하여 이웃을 섬기도록 청지기로 세움 받았으니, 그것으로 하나님을 섬기고 이웃에게 베풀고 살면 하나님을 기쁘시게 하는 인생제일의 목적대로 사는 삶이 되지만, 물질을 사랑하여 그것을 움켜쥐고 자기만 섬기면, 일만 악의 뿌리가 되어 사망을 잉태할까 저어하는 강한 절제가 배어있다. 그래서 시 말미에, "일용할 양식 있으면 족한 줄로 알고, 항상 되돌아보지 말고, 오늘의 인생길이 감사가 넘치는 하루하루가 되게 하소서. 이 세상은 내 것이 하나도 없는 것이다 "긴 사(私囑)를 붙인다. 베풀고 나눔은 소유의 아름다운 경건이다(창 1:27-28, 마 10:8, 행 4:32-35, 20:33, 딤전 6:6-10, 약 1:15).

"소망의 항구로"

지나간 시간은
버려진 것이 아니라
길을 만들어 간 성숙한 자국이다
그 자국에서 거울이 되어
오늘의 시간과 날들을 거듭하게 한다

다가올 시간들은
오늘의 창조의 삶이다
거기
인격의 너울을 쓰고 다듬어 진다
인생의 긴 삶의 터널을 지날 때
고귀한 것만 뿌리가 될 수 없는 것이 유감이다

달고 쓴 삶의 순환이 겹쳐서 가는 것이다
모순된 인생이 자기 삶을 가수하지 못할 때
우주와 삼라만상을 지으신 분은 전능하시기에
변함없는 신뢰와 확신
모순이 하나도 없으신 그 분 앞에
조용히 무릎을 꿇어본다

삶의 출렁이는 파도가
조용히
소망의 항구로 인도하시는 도다.

앞의 시는 삶의 질을, 이 시는 삶의 방향을 추구하는 구도자의 시다. 순례 길에서 시간과 날들을 거듭하며 성숙해가는 삶도, 긴 터널을 지나면서 희로애락 순환이 겹친 발자국을 남긴다. 그 발자국의 거울이 비추어주는 어제는, 삶을 가수하지 못한 모순투성이어서 내일을 향한 순례의 길이 암담해지는 때, 우주 삼라만상과 인생을 창조하시고, 변함없이 확신과 신뢰를 주시며, 모순이 전혀 없으신 은총의 하나님이 거기 계시니, 그를 신뢰하며 조용히 무릎 꿇는 구도자에게는, 인생의 출렁이는 거센 파도가 오히려 잠잠히 소망의 항구로 인도해 가는 은혜인 것이다(시 107:28-30, 고전 10:11).

"영원 너머의 세계"

세월이 지나간 자국을
너와 함께 남긴다

사랑의 이야기를 다듬으면서
가득한 그리움이 자국이 되고 있다

하늘과 땅 사이
네 생각으로
수 없이 행복한 날들이 자국을 남긴다

멀리 있어도
곁에 있는

시공을 초월한 우리는 함께 자국을 남기다

영원을 향해서
잡은 손 놓지 말고
영원 너머
초월의 세계로 함께 날아간다.

이 시는 소원의 황구에 이른 순례자의, 시공 초월한 영원세계 입성의 신앙고백이다. 지나온 신앙의 발자국은 그리움의 씨앗이다. 그리움의 씨앗은 소망의 싹을 틔우고, 의의 태양빛에 계속 돋아나는 잎들을 지우며 하늘 향해 뻗어가며, 주님 손잡고 여주동행의 발자국 남기다가, 마침내 시공초월 영원세계 새 하늘과 새 땅 생명수강가에 남길 발자국이 될 것임을 확신하며, 비록 몸은 현재 이 풍진 세상에 있으나, 마음은 이미 장래 들어갈 저 영원한 세계에 가 있는 것이다(요 10:28-29, 빌 3:10-14, 벧후 3;13).

지당 시인은 세 편의 시를 통해서 동행하시는 목사자님과 사랑과 영원의 대화를 나누며, 이생에서 저 생에 이르는 구도자의 순례길 노래를 읊조리고 있는 것이다. 문학지에서 이 달의 시인으로 추천함도 이 때문일 것이다

(2023/3/15, 델라웨어 향촌 유벽한 곳에서, 우초)

김만우 목사

제57회 한국문학 심포지엄
충남 보령시 봉성리 문예마을

소망이시라 그분은

■
초판 1쇄 인쇄 / 2023년 10월 10일
초판 1쇄 발행 / 2023년 10월 15일

■
지은이 | 이 용 자
펴낸이 | 김 수 관
펴낸곳 | 도서출판 영문

■
주소 | 03401 서울시 은평구 역말로 53(역촌동)
TEL | (02)357-8585
FAX | (02))382-4411
E-mail | kskym49@daum.net

■
출판등록번호 | 제 03-01016호
출판등록일 | 1997. 7. 24

값 12,000원

ISBN 978-89-8487-362-9 03810
Printed in Korea